COMPRENDRE
LA LITTÉRATURE

GEORGES FEYDEAU

Un fil à la patte

Étude de l'œuvre

© Comprendre la littérature.

22 rue Gabrielle Josserand - 93500 Pantin.

ISBN 978-2-7593-1108-8

Dépôt légal : Juillet 2023

Impression Books on Demand GmbH

In de Tarpen 42

22848 Norderstedt, Allemagne

SOMMAIRE

• Biographie de Georges Feydeau.................................. 9

• Présentation de *Un fil à la patte*............................... 13

• Résumé de la pièce... 17

• Les raisons du succès... 31

• Les thèmes principaux.. 35

• Étude du mouvement littéraire.................................... 45

• Dans la même collection... 51

BIOGRAPHIE DE
GEORGES FEYDEAU

Georges Feydeau naît le 8 décembre 1862 à Paris. Ses parents, Ernest Feydeau et Léocadie Bogaslawa Zélewska appartiennent à la bourgeoisie, classe émergeante du XIXe siècle. Le père de Georges est né dans une famille noble, dont le nom a perdu sa particule après la Révolution française. Il travaille dans l'univers de la finance et l'on peut dire que, jusqu'à la chute du Second Empire, il maintient sa famille dans la catégorie des privilégiés.

En 1869, alors âgé de 7 ans, Georges Feydeau écrit sa première pièce de théâtre. Il continue dans cette voie et, peu de temps après être entré au lycée, met au point la pièce *Églantine d'Amboise*. Georges Feydeau est encouragé dans son art, par son père, mais aussi par le célèbre auteur de vaudevilles, Henri Meilhac.

Ernest Feydeau meurt en 1873. Léocadie Bogaslawa Zélewska, de vingt ans sa cadette, se remarie avec le chroniqueur Henry Fouquier et a une seconde fille, Henriette (son aînée, Diane-Valentine, est née en 1866). Au cours de l'année 1876, toujours passionné, Georges Feydeau crée le Cercle des Castagnettes afin de proposer au public des concerts et des pièces. En 1882, il présente sa première pièce en 1 acte, *Par la fenêtre*, lors d'un spectacle donné par le Cercle des Arts intimes. Il propose ensuite *Amour et piano*, comédie en 1 acte, et *Gibier de potence*, comédie-bouffe en 1 acte. De 1884 à 1888, il fréquente les artistes parisiens et écrit plusieurs pièces : *Fiancés en herbe*, comédie-enfantine en 1 acte, *Tailleur pour dames*, comédie en 3 actes, *La Lycéenne*, vaudeville-opérette en 3 actes, *Un bain de ménage*, vaudeville en 1 acte, *Chat en poche*, vaudeville en 3 actes, *Les Fiancés de Loches*, vaudeville en 3 actes. Contrairement à sa première œuvre, le succès n'est pas au rendez-vous.

En 1889, il épouse Marianne Carolus-Duran. Un an plus tard, il intègre la Société des auteurs et compositeurs. Il met alors au point de nouvelles comédies, mais ne convint toujours pas le public.

En 1893, Georges Feydeau a deux enfants (Germaine, née en 1890, et Jacques, né en 1892) et rencontre enfin le succès avec *Monsieur chasse !* et *Champignol malgré lui*, comédies en 3 actes. Jusqu'en 1898, on loue ses talents, celui d'auteur comme celui d'acteur. C'est en 1900 qu'il inscrit véritablement son nom dans le théâtre avec *La Dame de chez Maxim*, comédie en 3 actes, et le célèbre rôle de la môme Crevette, interprétée alors par Armande Cassive. La même année, son troisième enfant, Michel, voit le jour. Son quatrième enfant, Jean-Pierre, naît 3 années plus tard. À partir de 1901, Georges Feydeau connaît quelques inconvénients : financiers, professionnels et même personnels. Certaines de ses pièces de théâtre rencontrent alternativement l'échec (*Billet de Joséphine* en 1902, *Circuit* en 1909…), le succès (*La Duchesse des Folies-Bergères* en 1902, *La Main passe* en 1904, *On purge bébé* en 1910), et le triomphe (*La Puce à l'oreille* en 1907 et *Occupe-toi d'Amélie* en 1908).

En 1909, il quitte sa femme. Le divorce est prononcé en 1916.

Feydeau commence à s'intéresser au cinéma et souhaite se mettre à l'écriture de scénarios lorsqu'il tombe malade. Atteint de la syphilis, il finit ses jours dans une maison de santé à Reuil-Malmaison. Georges Feydeau meurt le 5 juin 1921.

PRÉSENTATION DE UN FIL À LA PATTE

Tous sont les bienvenus chez Lucette, et nombreux sont ceux qui sonnent chez l'artiste à l'heure du déjeuner : la sœur, l'ingénieur, le journaliste, la Baronne, le parolier de chansons, même son amant est revenu. C'est du moins ce que Lucette croit… car le beau Bois-D'Enghien a d'autres projets en tête et veut suivre la bienséance. Il ne peut pas épouser une chanteuse ! Ne voulant pas faire d'esclandres, Bois-d'Enghien va se démener pour cacher le mariage qu'il est en train d'organiser et ce, alors même que celui se trouve sous le nez de sa maîtresse. En effet, la Baronne a préparé une surprise aux deux futurs époux : la chanteuse Lucette en représentation privée.

Dans le Paris de la Belle Époque, Feydeau présente une pièce dans l'air du temps, un vaudeville à la puissance narrative et au comique de situation parfait, qui ont fait de lui le maître du genre. Les dialogues, les personnages et les péripéties sont écrits avec précisions, l'humour est au rendez-vous. Basée sur le quiproquo, l'intrigue se déroule à un rythme effréné, enchaînant des scènes toutes plus drôles les unes que les autres.

Le 9 janvier 1894, la pièce est présentée au Théâtre du Palais-Royal à Paris. Georges Feydeau a déjà une bonne réputation et les Parisiens, friands du théâtre de boulevard, font un véritable triomphe à l'artiste. Son talent de dramaturge est reconnu : il a sa place parmi les artistes de l'époque. La pièce sera jouée lors de 129 représentations. Elle sera ensuite très souvent à l'affiche, et jouée jusqu'à aujourd'hui.

Même si le vaudeville peut souffrir de son image de farce grotesque, que le théâtre de boulevard n'a pas la renommée du théâtre dit « sérieux », et que lui-même ne s'est jamais considéré comme un simple auteur de vaudevilles, son talent est encore reconnu aujourd'hui et ses pièces de théâtres sont toujours vues par le public.

RÉSUMÉ DE LA PIÈCE

Acte I

L'action se déroule chez Lucette Gautier, la chanteuse.

Scène 1 :

Marceline attend sa sœur pour le déjeuner. Elle s'impatiente mais Firmin lui explique qu'il ne peut la servir tant que Madame n'est pas sortie de sa chambre. Marceline est déçue par Lucette : celle-ci, depuis qu'elle n'avait plus d'amant, respectait l'heure du déjeuner.

Scène 2 :

Lucette sort de sa chambre. Elle est accompagnée de son ancien amant : Fernand De Bois-D'Enghien. Le malheureux ne l'avait en fait pas quitté, il était souffrant.
On sonne.

Scène 3 :

De Chenneviette est venu pour le déjeuner. Marceline lui raconte que Lucette s'est réconciliée avec Fernand. De Chenneviette s'énerve : Lucette devrait être raisonnable et succomber aux avances du riche général Irrigua.
On sonne.

Scène 4 :

Nini Galant est venue annoncer qu'elle se marie avec son amant, le duc de la Courtille.
Fernand De Bois-D'Enghien est gêné que Lucette annonce son retour, il était en fait venu pour rompre avec elle.

De Chenneviette veut montrer le Figaro à Lucette : on a consacré un article à la chanteuse. Bois-D'Enghien le lui enlève des mains : il y aussi un article sur son mariage.

Scène 5 :

Le déjeuner est servi, Bois-D'Enghien décide de régler cette histoire plus tard.

Scène 6 :

Ignace de Fontanet est venu déjeuner. Il a apporté avec lui le Figaro. De l'avis général, l'homme sent très mauvais.

Scène 7 :

A la surprise générale, Bois-D'Enghien arrache encore une fois le Figaro des mains de Lucette.
Nini s'en va.
De Chenneviette demande de l'argent pour la pension de son fils à Lucette. Celle-ci accepte à la condition qu'il ne perde pas tout aux courses.
On sonne.

Scène 8 :

Madame Duverger, la mère de la future épouse de Bois-D'Enghien, est venu pour demander à Lucette de chanter lors d'une soirée qu'elle organise. Bouzin est venu avertir Lucette qu'il lui a écrit une chanson.
Un bouquet de fleurs est livré.
Firmin fait attendre les deux visiteurs, Lucette est en train de déjeuner.

Scène 9 :

Firmin revient, il a transmis les messages à Lucette.
Elle trouve la chanson de Bouzin idiote. Celui-ci, vexé, s'en va.
Elle n'a pas le temps de discuter de travail ce midi, elle demande à madame Duverger de repasser plus tard.

Scène 10 :

Le déjeuner est terminé. Firmin donne un bouquet de fleurs à Lucette, la carte est de Bouzin. Il y a également une bague. Lucette regrette de s'être moquée de lui. Tous essaient de trouver un compromis pour qu'elle puisse accepter la chanson : Bouzin pourrait la transformer en une chanson politique.
De Fontanet annonce qu'il va dîner chez madame Duverger ce soir : celle-ci donne une réception en l'honneur de sa fille qui va se marier. Il n'arrive plus à se rappeler le nom du futur époux. Bois-D'Enghien essaie de changer le sujet de la conversation.

Scène 11 :

Bouzin est accompagné de Firmin, il est revenu car il a oublié son parapluie. Lucette lui fait le plus grand des accueils. Elle lui montre la bague qu'elle a trouvée dans le bouquet. Bouzin ne comprend pas pourquoi Lucette lui montre sa bague. Il dit qu'elle doit coûter au moins 7 000 francs, ce qui le fait passer auprès des autres pour un grossier personnage.
De Fontanet s'en va.
Lucette demande à De Chenneviette de la suivre, elle lui donnera l'argent pour son fils.
Bouzin et Bois-D'Enghien restent seuls.

Scène 12 :

Bois-D'Enghien dit à Bouzin que s'il est amoureux de Lucette, il doit se jeter à l'eau. Bouzin ne comprend pas cette allusion.

Scène 13 :

Lucette et Bois-D'Enghien disent à Bouzin qu'ils adorent sa chanson mais qu'il y a quelques passages à modifier. Bouzin décide de rentrer chez lui pour ramener sa chanson, ainsi, ils pourront se mettre au travail rapidement.

Scène 14 :

Bois-D'Enghien essaie maladroitement de quitter Lucette. Cette dernière, qui ne comprend pas où il veut en venir, dit qu'elle se suiciderait si jamais ils devaient se séparer.

Scène 15 :

Bois-D'Enghien avoue à De Chenneviette qu'il doit quitter Lucette car il va se marier. Il lui demande de la convaincre, De Chenneviette accepte.

Scène 16 :

Le général Irrigua vient rendre visite à Lucette, il lui offre un bouquet de fleurs. Le Général est très ému : il est ravi qu'elle ait accepté qu'ils se rencontrent.
Il est flatté qu'elle porte sa bague, Lucette comprend alors que Bouzin s'est moqué d'elle.
Le Général avoue son amour à Lucette. Celle-ci lui ex-

plique qu'elle aime un autre homme et qu'elle ne pourra donc l'aimer tant que Fernand sera là.

Scène 17 :

Lucette présente Bois-D'Enghien au Général. Firmin prévient Lucette que madame Duverger est arrivée. Lucette sort.

Scène 18 :

Le Général demande à Bois-D'Enghien le nom de l'amant de Lucette car il souhaite le tuer. Bois-D'Enghien lui donne le nom de Bouzin.
Lucette revient et annonce qu'elle chante chez la Baronne ce soir. Elle invite Bois-D'Enghien, qui répond qu'il a autre chose de prévu, et le Général, qui lui accepte le rendez-vous.

Scène 19 :

Bouzin apporte sa chanson. Le Général menace de le tuer.

Scène 20 :

Lucette accourt en entendant tous ces cris. Elle congédie Bouzin, le Général la remercie.

Acte II

L'action se déroule chez madame Duverger, la Baronne.

Scène 1 :

Miss Betting lace le corsage de Viviane, la fille de madame

Duverger. Elle ne pourra pas assister à la soirée, sa mère est souffrante.

Scène 2 :

Viviane avoue à sa mère qu'elle aurait préféré un mari qui a mauvaise réputation, comme monsieur De Frénel. Elle n'est pas très enthousiaste à l'idée d'épouser Bois-D'Enghien.

Scène 3 :

La Baronne annonce à Bois-D'Enghien que le mariage est avancé de deux jours. Il joue les hommes prudes, ce qui ravie la Baronne et déçoit Viviane.

Scène 4 :

De Fontanet fait son entrée. Bois-D'Enghien, paniqué, invente un mensonge : il a rencontré De Fontanet au restaurant Ladivette ce midi. De Fontanet ne comprend pas ce qu'il se passe: pour éviter qu'il ne le trahisse, Bois-D'Enghien lui marche sur le pied.

Scène 5 :

Emile prévient la Baronne qu'une femme, accompagnée de deux personnes, est arrivée. La Baronne explique que c'est une surprise, elle va les chercher.
Bois-D'Enghien explique à De Fontanet la situation dans laquelle il se trouve.
La Baronne revient avec Lucette, Bois-D'Enghien se cache.

Scène 6 :

La Baronne installe Lucette, Marcelin et De Chenneviette dans une chambre.

Scène 7 :

Marceline n'arrive pas à ouvrir l'armoire. Lucette vient à son aide. La porte s'ouvre, Bois-D'Enghien en sort. Il prétexte une plaisanterie.

Scène 8 :

Bois-D'Enghien bafouille qu'il connaît madame Duverger depuis longtemps. Il prévient Lucette qu'elle ne doit pas chanter à cause des courants d'air de la maison. Lucette appelle la Baronne pour vérifier les dires de son amant, celui-ci s'en va.

Scène 9 :

Lucette veut savoir s'il y a effectivement des courants d'air dans le salon, la Baronne lui propose de s'y rendre sur-le-champ pour vérifier.

Scène 10 :

Bois-D'Enghien explique à De Chenneviette qu'il doit signer son contrat de mariage ce soir. Il lui demande d'empêcher Lucette de chanter.
Viviane arrive, puis la Baronne avec Lucette. La Baronne veut lui présenter son gendre mais De Chenneviette se met entre eux. Il entraîne Lucette en dehors de la salle.

Scène 11 :

Bois-D'Enghien explique à la Baronne et à Viviane qu'on ne peut prononcer les mots « gendre », « futur » et « fiancé » devant Lucette à cause d'un amour déçu.

Lucette approche, Bois-D'Enghien entraîne la Baronne et Viviane en dehors de la salle : il a en effet quelque chose de très important à leur dire.

Scène 12 :

Le Général fait son entrée : il apporte des fleurs à Lucette. De Fontanet trouve cela très galant. Il parle très près au Général, qui suffoque.

Scène 13 :

La Baronne, Viviane et Bois-D'Enghien reviennent. Le Général demande à Bois-D'Enghien s'il va chanter quelque chose.

Scène 14 :

Le notaire, Maître Lantéry, est venu pour la signature du contrat.

Lucette est sur le balcon avec Bois-D'Enghien, il n'ose pas aller signer le contrat.

On l'appelle, Lucette demande pourquoi on dérange Fernand, la Baronne lui répond que qu'il s'agit du fiancé de Viviane. À ces mots, Lucette s'évanouit.

Bouzin fait son entrée. En l'apercevant, le Général se met à le poursuivre.

Bois-D'Enghien, Viviane, la Baronne et le notaire sortent,

ils vont signer le contrat.

Scène 15 :

Le Général, De Fontanet et De Chenneviette s'occupent de Lucette. Le Général se demande quelle est la cause de cet évanouissement. De Fontanet lui explique que Bois-D'Enghien est l'amant de Lucette, le Général se alors met à étrangler De Fontanet.

Scène 16 :

Bois-D'Enghien demande des nouvelles de Lucienne. Le Général lui saute dessus. Bois-D'Enghien lui explique qu'il n'attend qu'une chose : qu'il le débarrasse de Lucette. Le Général se radoucit.
Lucette se réveille, Bois-D'Enghien leur demande de les laisser seuls.

Scène 17 :

À son réveil, Lucette est effondrée. Bois-D'Enghien lui promet qu'il lâchera Viviane après le mariage et qu'ils pourront continuer à s'aimer. Lucette, comprenant qu'il ment, se joue de lui : son amant a un épi sous son gilet, elle lui dit qu'il n'a qu'à se déshabiller, la porte étant fermée. Il se met derrière le paravent, elle se déshabille. Puis, quand il sort, elle l'agrippe et le bloque sur le canapé. Ensuite, elle crie qu'elle l'aime tout en sonnant sur le timbre de la chambre.
Tous les personnages apparaissent.

Scène 18 :

La Baronne, cachant le visage de sa fille, annule le mariage. Le Général promet de tuer Bois-D'Enghien le lendemain.

Acte III

L'action se déroule chez Bois-D'Enghien.

Scène 1 :

Jean cire les bottines de son maître. Il ne trouve pas normal qu'un homme qui n'est pas encore marié ne soit pas encore rentré à dix heures du matin.
On sonne. Il s'agit d'un fleuriste pour le mariage Brugnot, mais le livreur s'est trompé d'étage.

Scène 2 :

On sonne de nouveau. Bois-D'Enghien a perdu ses clés, il a dû passer la nuit à l'hôtel. Il demande à Jean d'appeler un serrurier.

Scène 3 :

Une dame et un monsieur, pensant qu'il s'agit du mariage Brugnot, rentrent chez Bois-D'Enghien alors qu'il est en train de faire sa toilette. Il les jette dehors.

Scène 4 :

Bouzin est venu apporter le contrat de mariage à Bois-D'Enghien. Celui-ci s'en empare et le déchire : le mariage est annulé.

On sonne. Bois-D'Enghien demande à Bouzin d'aller ouvrir.

Le Général entre. En le voyant, Bouzin s'enfuit, mais le Général le poursuit.

Scène 5 :

Lucette est venue dire à Bois-D'Enghien qu'elle l'aime, mais lui ne veut rien entendre. Elle sort un pistolet et menace de se donner la mort. Bois-D'Enghien se saisit de l'arme, un éventail en sort. Remarquant qu'il s'agit d'un accessoire de théâtre, il la congédie, l'accompagnant jusqu'au palier.

La porte claque, il est enfermé dehors, en peignoir. Il sonne. Bouzin, pensant qu'il s'agit du Général, n'ouvre pas.

Scène 6 :

La noce de l'étage du dessus descend et croise Bois-D'Enghien, ils sont outrés.

Le Général revient, il veut parler à Bois-D'Enghien de Lucette. Bois-D'Enghien n'en veut plus, il donne un conseil au Général pour qu'elle puisse se détacher de lui : lui dire que Bois-D'Enghien refuse tout rapprochement à cause de son vice de constitution.

Ravi, le Général s'en va.

Scène 7 :

Bouzin sort. Bois-D'Enghien lui dit de ne pas fermer la porte mais il est trop tard.

Énervé, Bois-D'Enghien, prend le faux pistolet de Lucette et ordonne à Bouzin de lui donner ses vêtements.

Le concierge appelle, Bouzin monte à l'étage du dessus

pour se cacher.

Scène 8 :

Le concierge est accompagné d'agents de police. Ils cherchent un homme en caleçon, la famille Brugnot a porté plainte.

Viviane, accompagnée de Miss Betting, est venue déclarer sa flemme à Bois-D'Enghien : elle veut un mari ayant eu de nombreuses maîtresses. Elle a dit à Miss Betting qu'elle allait à son cours de chant. Elle demande à Bois-D'Enghien de chanter quand il lui parle.

La Baronne arrive et fait la morale à sa fille. Celle-ci n'en démord pas : elle veut épouser Bois-D'Enghien.

Scène 9 :

Jean revient et leur ouvre la porte.
Les agents ont attrapé Bouzin, ils l'emmènent au commissariat.

LES RAISONS
DU SUCCÈS

Sous le Second Empire, le théâtre connaît un grand succès. En effet, sous le règne de Napoléon III, le théâtre de divertissement explose. Le genre en vogue : le vaudeville. Le vaudeville est alors différent de celui que nous connaissons aujourd'hui. C'est une comédie légère, avec des chansons, et généralement, composée de nombreux rebondissements. C'est grâce à l'auteur Eugène Labiche que ces pièces de théâtre gagnent en réputation. Celui-ci écrit un grand nombre de pièces de théâtre comique dont certaines sont de véritables chefs-d'œuvre : *Embrassons-nous Folleville* (1850), *Un chapeau de paille* (1851) ou *La Cagnotte* (1864). Il instaure certains principes du vaudeville moderne comme la critique de la bourgeoisie par la mise en évidence de, par exemple, leur ridicule.

Après la chute du régime et l'instauration de la IIIe République, de nombreux progrès, au niveau politique, social et culturel, sont notables. La notion de Nation est mise en valeur avec le chant *La Marseillaise* en hymne national, la Chambre des députés déplacée à Paris ou le 14 Juillet comme fête nationale. La littérature évolue et les lecteurs sont plus nombreux grâce à la promulgation de certaines lois comme la liberté d'expression en 1880, la liberté de la presse en 1881, la laïcisation de la société ou encore la scolarisation démocratisée. C'est dans cette effervescence intellectuelle et cette montée des libertés que Georges Feydeau propose son art et crée son œuvre. En 1893, le public l'acclame avec sa pièce *Monsieur Chasse !*

Les Parisiens sortent de chez eux le soir et se rendent sur les boulevards, au Théâtre de la porte Saint-Martin, à la Comédie Française, au boulevard du Temple (appelé aussi boulevard du Crime). C'est le théâtre de la Belle Époque, le temps de l'opérette et de la comédie. Les auteurs de vaudevilles sont Léon Gandillot, Henri Meilhac, Georges Ohnet,

Maurice Desvallières, Louis Varney. Georges Feydeau est alors complètement intégré dans son époque, parfois même il travaille en collaboration avec ses pairs, notamment avec Maurice Desvallières.

Cependant, d'une manière générale, les artistes cherchent de nouvelles manières de s'exprimer dans le théâtre. Tristan Bernard, Robert de Flers, Gaston Armand de Cavaillet et Francis de Croisset s'éloignent du vaudeville et tendent de produire ce que l'on appelle des comédies de mœurs. Henry Becque propose une comédie sérieuse en 1882, *Les Corbeaux*. Comme certains écrivains qui cherchent à témoigner de la réalité (Émile Zola ou Claude Bernard), certains metteurs en scène sont à la recherche d'un théâtre authentique, d'un spectacle réaliste. Georges Courteline, Jules Renard, Georges de Porto-Riche s'inspirent de cet art et abordent dans leur œuvre des thèmes considérés comme vulgaires comme la jalousie ou les relations familiales et conjugales.

Feydeau, toujours dans l'air du temps, semble lui aussi évoluer vers la comédie proprement dite avec *Le Bourgeon* (1906) et *La Main passe* (1907). *La Puce à l'oreille* peut être considéré comme un retour au vaudeville, mais parmi ses dernières œuvres dont *Hortense a dit « J'm'en fous »* (1916), le personnage de femme honnête, butée et insupportable est une véritable caricature. Dans ses pièces, le talent est évident. Dans ses vaudevilles, ou comédies, on remarque son esprit d'observation. Il sait prendre la vie quotidienne et la retranscrire de façon extrêmement comique. La fin du XIXe siècle est le temps privilégié du théâtre. Feydeau est aussi passionné que ses spectateurs et les autres auteurs emblèmes du théâtre de la Belle Époque.

LES THÈMES
PRINCIPAUX

La pièce de théâtre *Un fil à la patte* de Feydeau traite des conventions sociales, et, plus précisément, de leur poids. Pour démontrer son idée, Feydeau place son héro, Bois-D'Enghien, devant un choix : la maîtresse ou la femme. Il illustre également son sujet par l'omniprésence du mensonge et par des relations entre les personnages faussées.

L'intrigue est basée sur le choix de Bois-D'enghien : il doit mentir à sa maîtresse, Lucette, et cacher son passé à sa future femme, Viviane. On pourrait alors penser que Bois-D'Enghien se trouve face à un dilemme, comme beaucoup de héros de littérature : doit-il se marier par amour ou par raison ? Pourtant, dans ce cas-ci, on peut remarquer des différences, car l'amour est-il un sentiment que Bois-D'Enghien éprouve, que ce soit pour sa maîtresse ou pour sa promise ? En effet, dans l'ensemble de l'histoire, un seul personnage semble parler d'amour, c'est Lucette. C'est la seule qui paraît sincère dans ses sentiments. Dans l'acte I, scène 14, elle n'a aucun mal à dévoiler ses émotions. Elle dit à Bois-D'Enghien : « Je voudrais rester comme ça pendant vingt ans. » Comme toute personne sensible, elle désire savoir si celui qu'elle aime ressent la même chose qu'elle, elle a besoin d'être rassurée. Comme son amant est incapable de lui montrer de l'affection, elle est obligée de lui demander sans cesse : « Tu m'aimes ? » Elle n'a pas d'arrières pensées et cela se remarque par le fait qu'elle est complètement hermétique à la notion de « devoir ». Elle est entièrement dégagée des conventions sociales, elle s'en moque. Quand son amie Nini annonce (Acte I, scène 4) : « Parce que j'ai d'un à faire... Au fait, il faut que je t'annonce la grande nouvelle ; car moi aussi j'ai ma grande nouvelle : je me marie, ma chère ! » Lucette ne semble pas contente pour son amie, elle dit simplement : « Mes compliments. » Quand Nini lui avoue qu'elle épouse son amant, l'homme qu'elle aime, Lucette réagit alors : « Ah ! bien ! je suis bien heureuse pour toi ! ». De Chenneviette, lui, qui ne ressent pas mais plutôt qui raisonne, dit : « Il est ton amant et il t'épouse ! Mais qu'est-ce qu'il cherche donc ? » Il est incapable de comprendre l'amour. Pour lui, si l'on se marie, c'est qu'il y a forcément un intérêt. Il se réjouit uniquement quand Nini annonce qu'elle épouse un duc (la raison du mariage est alors flagrante) : « C'est superbe ! » De Chenneviette ne comprend pas les relations désintéressées, Lucette, elle, fonctionne de manière contraire: elle ne comprend pas le mariage de convenances. Dans l'acte I, scène 3, De Chenneviette dit : « [...] Enfin, hier, elle était raisonnable ; c'était définitivement fini avec Bois-D'Enghien, elle avait consenti à répondre au millionnaire, pour lui fixer une entrevue pour aujourd'hui, et alors... parce que ce joli cœur est revenu, quoi ? ça va en rester là ? »

Les deux futurs époux, eux, sont sur la même longueur d'onde : ils veulent se marier par intérêt. L'intérêt de Bois-D'Enghien est la situation de pauvreté dans laquelle il se trouve. Dans l'acte I, scène 3, De Chenneviette dit en parlant de lui : « [...] c'est un charmant garçon, je n'y contredis pas, mais enfin, quoi ? ce n'est pas une situation pour elle... il n'a plus le sou. » Bois-D'Enghien est raisonnable dans son mariage. Il décide de se marier avec la fille de la Baronne et, pour arriver à ses fins, il n'hésite pas à se faire passer pour un autre. Il n'est à aucun moment dans un rapport de séduction avec Viviane : « [...] Mais tel j'arrive à la fin de ma vie de garçon, et avec l'âme aussi pure... que Jeanne d'Arc à la fin de sa vie d'héroïsme, quand elle comparut au tribunal de cet affreux Cauchon ! » Se comparer à Jeanne d'Arc est incompatible avec une attitude de séducteur. Bois-D'Enghien veut tellement être dans la norme qu'il n'imagine pas qu'il faille séduire sa future femme. Viviane est également coincée dans les règles de la bourgeoisie de l'époque mais de façon différente. Elle ne pense pas qu'on puisse aimer son mari non plus, mais dans l'acte II, scène 2, voici ce qu'elle dit à propos de Bois-D'Enghien : « En somme, ça n'est jamais que pour en faire un mari ! » Elle a une vision très froide du mariage : « Oh ! pour faire comme tout le monde ! parce qu'il arrive un temps où, comme autrefois on a quitté sa bonne pour prendre une gouvernante pour prendre un mari. » Elle a des envies de possessions, elle veut rendre jalouse les autres femmes. Elle dit : « […] Pourquoi désire-t-on une chose ? C'est parce que les autres la désirent. » Elle se veut anticonformiste, elle voudrait épouser un homme à femmes, un homme qui déplaît à sa mère. Elle est prisonnière des conventions, encore plus que tous les autres personnages, puisqu'elle n'arrive même pas à imaginer de pouvoir être amoureuse. Dans l'acte II, scène 10, elle ne supporte pas Bois-D'Enghien, elle dit : « Mais qu'il est bête ! » Alors que dans l'acte III, scène 8, elle revient vers lui car elle a appris qu'il avait eu au moins une maîtresse dans sa vie : « Oui, moi ! Moi qui vient vous dire : je vous aime. » C'est la première fois qu'elle parle d'amour mais, manifestement, elle n'a aucune idée de ce que c'est. Le poids des conventions sociales est tel que la pièce se termine par l'arrestation de Bouzin. Il est arrêté uniquement parce qu'il est en caleçon, parce que c'est totalement inconvenant. Il est hué par tout le monde, les femmes sont obligées de se réfugier dans le cabinet de toilette, elles sont choquées.

Le poids des conventions est également révélé par le fait que le mensonge est omniprésent tout au long de la pièce. Les conventions sociales empêchent les personnages d'être honnêtes. Pour pouvoir être en mesure de les respecter, il faut mentir. Les personnages s'exécutent car ils sont prisonniers de ces règles, ils n'arrivent pas à s'en détacher. Le mensonge principal, celui autour duquel les personnages s'agitent, c'est le mariage. C'est « la chose » qu'on veut cacher. Bois-D'Enghien est évidemment le menteur principal, il veut se sortir du pétrin dans lequel il est. Dans un premier temps, il se contente de cacher la vérité, la preuve écrite de sa lâcheté : le Figaro. Pour ne pas se faire prendre, il arrache le journal des mains de celui qui le tient et ce, à plusieurs reprises. Dans l'acte I, scène 4, il dit : « Sapristi ! mon mariage qui est annoncé dans le Figaro ! » Il cache le journal et ment effrontément : « Rien ! rien ! c'est nerveux ! » Ensuite, il arrache le journal des mains de De Chenneviette. À part, il dit : « […] Merci ! lui flanquer comme ça mon mariage dans l'estomac, sans l'avoir préparé. » Il a peur de lui avouer la vérité, une vérité qui ferait trop de vagues dans un monde trop conventionnel. D'ailleurs, il mentira encore à Lucette, même lorsque celle-ci sera mise au courant de son mariage. Il lui dit : « […] Je me marie d'un côté et je t'aime de l'autre ! » Ici, il ment car il a peur de faire de l'esclandre.

Pour cacher son mariage et respecter les convenances, il ment à tout le monde, pas seulement à sa maîtresse. Dans l'acte II, scène 1, il ment à la Baronne en lui faisant croire qu'il ne connaît pas De Fontanet. Lorsqu'il comprend que ce n'est pas possible, il retourne sa veste et dit : « Parce que je ne savais pas que c'était de lui que vous me parliez ! Mais je ne connais que lui, ce cher Fontanet ! » Il s'embrouille, il est nerveux, il raconte n'importe quoi au sujet du restaurant Ladivette. Il raconte d'autres mensonges dans l'acte II, scène 7, alors qu'il s'est caché dans l'armoire pour se cacher de Lucette. Il dit : « Oui, je me suis dit, elle arrive, elle ouvre l'armoire et elle me trouve dedans… C'est ça qui est une bonne farce ! » Puis, il justifie sa présence chez la

Baronne encore par un mensonge : « Oui, oui… oh ! depuis longtemps ! J'ai vu la mère toute petite ! » Il essaie également de trouver une excuse pour que Lucette ne chante pas : les courants d'air. Il essaie tout pour se sortir de cette impasse et n'hésite pas à prendre son entourage pour des imbéciles. Dans l'acte II, scène 11, il invente même certains mots qu'on ne pourrait pas dire devant Lucette. Il dit : « Il ne faut jamais prononcer le mot de futur, de gendre ou de fiancé devant Lucette Gautier. » Puis, quand le mensonge est allé trop loin, la Baronne lâche le morceau : « Comment, pourquoi ?... Parce que c'est son fiancé ! » En entendant enfin la vérité, Lucette, trop préservée jusqu'ici, s'évanouit.

Bois-D'Enghien n'est pas le seul personnage à mentir. Cette faculté est ancrée dans la personnalité de chacun. Par exemple, dans l'acte I, scène 15, Bois-D'Enghien et De Chenneviette se mettent d'accord pour mentir à Lucette. L'un pour s'en débarrasser, l'autre pour, selon lui, son bien. De Chenneviette pense que respecter les conventions sociales passe avant le fait d'être sincère, il dit : « Comment, mais c'est tellement vrai, qu'en ce moment, si elle voulait, elle aurait une occasion superbe. » Bois-D'Enghien le pousse à lui mentir : « Eh bien ! dites-lui, que diable ! parlez-lui sérieusement, elle vous écoutera. » Les protagonistes sont tellement habitués à cacher ce qui pourrait être gênant qu'ils ne ressentent aucun scrupule. Même Lucette, que nous avons présentée comme la plus sincère de tous, ment. Dans l'acte III, scène 5, le pistolet avec lequel elle menace de se tuer est un factice : c'est un éventail. Bois-D'Enghien s'en rend compte et dit : « Ah ! ah ! ah ! c'est avec ça qu'elle se tue !... Va donc… cabotine ! ». Une fois qu'il a réussi à se dégager de ses conventions, il reste honnête avec lui-même.

Au nom de la bienséance, ils mentent tous. Personne

n'avoue à De Fontanet que son haleine a une mauvaise odeur. Quand Bois-D'Enghien remarque que De Fontanet sent mauvais : « […] Vous ne trouvez pas que ça sent mauvais ici ? » Lucette s'empresse de le mettre dans la confidence : « Mais tais-toi donc, voyons, c'est lui ! »

Le poids des conventions est aussi illustré par la fausseté des relations entre les personnages. Tout le monde passe chez Lucette, on pourrait donc penser qu'elle a énormément d'amis et qu'elle est très appréciée. Pourtant, lorsque l'on analyse de plus près la situation, les raisons qui poussent les personnages à venir chez Lucette ne semblent pas si désintéressées. Lucette représente finalement plutôt un amusement. Bois-D'Enghien veut cacher son mariage à Lucette mais il met dans la confidence d'autres personnes. Il sait que ses amis ne lui sont pas forcément fidèles. Dans l'acte II, scène 5, Bois-D'Enghien déclare à De Fontanet qu'il n'accorde aucune importance à sa relation avec Lucette : « Qu'est-ce que ça prouve ça ? Ce matin… c'était en passant… pour prendre congé… P.P.C., l'adieu… de l'étrier ! » Il se moque d'elle devant l'un de ses amis sans honte, De Fontanet n'est à aucun moment choqué. D'ailleurs, il aide Bois-D'Enghien à cacher son mariage. Dans l'acte I, scène 10, Bois-D'Enghien est totalement faux dans son comportement : « Je t'adore ! (À part) Seulement je suis embêté à la perspective de rompre tout à l'heure ! » Bois-D'Enghien n'est pas du tout le seul à se moquer d'elle. De Chenneviette, qui est soi-disant un ami de Lucette, est en fait venu lui demander de l'argent. Pour que Lucette ne se rende pas compte que son entourage ne la considère pas, ce dernier fait semblant d'être gêné et dit : « C'est pour la pension du petit. Le trimestre est échu…. » De plus, nous ne sommes pas certains qu'il se serve de l'argent pour son enfant puisque Lucette insinue un peu plus loin qu'il joue aux courses. Les deux amis de Lucette deviennent d'ailleurs complices. Dans l'acte II, scène 10, De Chenneviette prévient Bois-D'Enghien de la venue de Lucette pour que celui-ci ait le temps de se cacher : « Attention ! les voilà qui reviennent ! »

Les relations entre les individus sont donc fausses. Dans un premier temps, les personnages se moquent de la chanson de Bouzin, puis, quand tous les convives pensent qu'il a offert des fleurs et une bague à Lucette, celle-ci veut bien accepter la chanson qu'elle trouvait jusqu'à présent idiote. Dans l'acte I, scène 9, Firmin, le domestique, n'hésite pas à être méchant avec Bouzin : « Elle a dit qu'elle était stupide et que je vous la rende. » Il ne compte pas, la convenance n'exige pas qu'il soit respecté. Dans l'acte I, scène 11, Lucette retourne sa veste : « Stupide, votre chanson !... Oh ! il n'a pas compris ! » Comme elle pense qu'il a dépensé de l'argent pour elle, il présente un intérêt. Dans l'acte I, scène 20, alors que le Général a avoué que c'était lui qui avait offert le bouquet et la bague, tous rejettent Bouzin, ils disent : « Allez-vous-en, Bouzin, allez-vous-en ! », il n'a finalement aucun intérêt. Un autre exemple de la fausseté des relations entre les personnages est bien sûr le chantage au suicide de Lucette. Dans l'acte III, scène 5, Lucette veut que Bois-D'Enghien revienne vers elle et utilise un argument de choc : « Tu sais, mon pistolet ? Eh bien ! je vais me tuer ! »

Les rôles de chacun sont bouleversés. Dans l'acte II, scène 7, la Baronne est la patronne de Lucette, elle prend Marceline pour une domestique. La Baronne, comprenant son erreur, dit : « Mais, Mademoiselle... est-ce que vous n'êtes pas ?... » Marceline, vexée, répond : « Pas du tout, Madame ! Je suis la sœur de Mlle Gautier ! » Dans l'acte III, scène 2, les rôles sont tout à faits inversés, le domestique et le maître se confondant. Jean dit : « Oh ! Monsieur, dix heures du matin ! Un lendemain de soirée de contrat ! Est-ce que c'est une heure pour rentrer ? » C'est le domestique qui juge alors son maître. Les gens qui frappent à la porte de Bois-D'Enghien s'énervent contre lui quand ils s'aperçoivent qu'ils se sont trompés. Dans l'acte III, scène 3, la Dame dit : « Aussi, Monsieur, on ferme sa porte quand on est dans cette tenue. » Le Général, lui, ne semble pas comprendre les relations humaines. Il aime Lucette et pense qu'il lui suffit de tuer son amant pour que celle-ci l'aime. Dans l'acte I, scène 16, Lucette dit : « Combien de temps ? Oh ! je l'aimerai tant qu'il vivra. » Le Général répond alors : « Bueno ! Yo so maintenant qué yo dois faire. »

ÉTUDE DU MOUVEMENT LITTÉRAIRE

À l'origine, le vaudeville est une chanson gaie. Plus tard, elle prend le sens de petite comédie légère, dont l'intrigue est entrecoupée de couplets chantés sur un air populaire. La définition moderne du vaudeville est une comédie légère construite sur des malentendus. Cette dernière approche du vaudeville semble correspondre au style de Georges Feydeau, dont les pièces de théâtre se construisent sur le quiproquo et les malentendus. Le genre existe depuis le XVIIe siècle et, jusqu'à la fin du XVIIIe siècle, il s'agit de chants bachiques. En 1712, Lesage et Fuzelier incorporent des vaudevilles à leurs comédies, puis Grétry, Philidor et Monsigny permettent à ces pièces de se multiplier. La comédie à la vaudeville évolue, et le parlé est de plus en plus présent. Les auteurs sont Piis, Barré, Radet, Desfontaines, Désaugiers et Scribe. Le triomphe est total en 1850, grâce à Labiche.

Georges Feydeau est généralement défini comme un maître du genre. Pourtant, il rechigne à utiliser ce mot, aux mauvaises connotations. En effet, sous Napoléon III, le vaudeville était créé en grand nombre, parfois au détriment de la qualité. À l'époque, deux types de vaudeville existent : une intrigue basée sur un fait récent et les farces. Même si la définition évolue à l'époque où Feydeau se lance dans la discipline et devient une pièce de comique de situation, le vaudeville garde sa mauvaise réputation. On utilise ce terme pour les comédies légères au comique un peu gros. D'ailleurs, concurrencé par l'opérette et les revues, le public se lasse du vaudeville, et le terme devient dépassé. Sans doute pour toutes ces raisons, Feydeau, lui, préfère appeler ses créations des pièces en un acte (*Par la fenêtre*), comédie en un acte (*Amour et piano*), comédie-bouffe (*Gibier de Potence*) et comédie enfantine (*Fiancés en herbe*). Ses plus grands succès sont appelés des comédies. Alors Feydeau est-il vraiment un auteur de vaudeville ?

Le vaudeville, comme nous l'avons vu, a mauvaise réputation. Au cours du XIXe siècle, ce genre s'est modernisé, mais on utilise ce terme pour les farces. C'est un divertissement qui emprunte beaucoup à la Commedia dell'arte, utilisant des personnages caricaturaux et dont l'intrigue reste souvent la même. À la fin du XIXe siècle, les caractéristiques d'un vaudeville sont facilement repérables. Les personnages principaux sont issus de la bourgeoisie. Ils ont des domestiques qu'ils prennent pour des idiots, même si parfois ils leur demandent des conseils sur les choix à faire. Cette bourgeoisie fait attention à sa réputation et pense en premier lieu à ses problèmes, elle se veut égoïste. Le héros est un homme marié, qui par une bêtise qu'il a faite, comme l'adultère, va bouleverser son quotidien. Les autres protagonistes sont le mari trompé, les confidents, les séducteurs, les oncles, les neveux ou encore les snobs et les riches étrangers jaloux et violents. Les personnages féminins sont constitués de l'épouse qui représente un obstacle dans les objectifs que s'est fixé le héros et des « cocottes », qui attirent la convoitise des maris et qui sont souvent la cause de tous leurs tracas.

Dans les premières pièces de Feydeau, ces caricatures de personnages sont présentes. L'auteur utilise le comique de situation, il veut faire rire. Les personnages sont victimes de leur destin. Les différents personnages se retrouvent d'une pièce à l'autre. Qu'il appelle ses pièces des vaudevilles ou pas, il y a de toute façon énormément de ressemblances. Tout semble coïncider. Pourtant... Il existe une différence fondamentale entre l'œuvre de Feydeau et le vaudeville : la légèreté. Ses personnages, au contraire des farces, ont une consistance, une profondeur. Et l'ont peut observer, au-delà de la comédie potache, une vraie critique de la société. Feydeau n'est pas tendre avec ses personnages et montre, finalement, son dégoût de la bourgeoisie ou sa vision très cruelle des relations amoureuses. Il a réussit à faire d'un genre simple et léger, un véritable art. Les intrigues sont construites précisément, avec des indications de scène très détaillées, le rythme est cherché, les langages sont à différents niveaux selon les classes sociales auxquelles appartiennent les personnages, les ellipses sont au bon moment, les euphémismes et les quiproquos foisonnent pour atteindre le comique parfait, le vaudeville idéal. Car finalement, ce qu'il fait, c'est prendre un genre populaire pour le construire et le structurer. Il a fait du vaudeville un art. Quoi qu'on en dise, ses pièces sont encore jouées aujourd'hui et le public semble toujours apprécier le maître incontesté de ce théâtre de boulevard.

DANS LA MÊME COLLECTION
(par ordre alphabétique)

- **Anonyme**, *La Farce de Maître Pathelin*
- **Anouilh**, *Antigone*
- **Aragon**, *Aurélien*
- **Aragon**, *Le Paysan de Paris*
- **Austen**, *Raison et Sentiments*
- **Balzac**, *Illusions perdues*
- **Balzac**, *La Femme de trente ans*
- **Balzac**, *Le Colonel Chabert*
- **Balzac**, *Le Lys dans la vallée*
- **Balzac**, *Le Père Goriot*
- **Barbey d'Aurevilly**, *L'Ensorcelée*
- **Barbey d'Aurevilly**, *Les Diaboliques*
- **Bataille**, *Ma mère*
- **Baudelaire**, *Les Fleurs du Mal*
- **Baudelaire**, *Petits poèmes en prose*
- **Beaumarchais**, *Le Barbier de Séville*
- **Beaumarchais**, *Le Mariage de Figaro*
- **Beauvoir**, *Mémoires d'une jeune fille rangée*
- **Beckett**, *Fin de partie*
- **Brecht**, *La Noce*
- **Brecht**, *La Résistible ascension d'Arturo Ui*
- **Brecht**, *Mère Courage et ses enfants*
- **Breton**, *Nadja*
- **Brontë**, *Jane Eyre*
- **Camus**, *L'Étranger*
- **Carroll**, *Alice au pays des merveilles*
- **Céline**, *Mort à crédit*
- **Céline**, *Voyage au bout de la nuit*

- **Chateaubriand**, *Atala*
- **Chateaubriand**, *René*
- **Chrétien de Troyes**, *Perceval*
- **Cocteau**, *Les Enfants terribles*
- **Colette**, *Le Blé en herbe*
- **Corneille**, *Le Cid*
- **Crébillon fils**, *Les Égarements du cœur et de l'esprit*
- **Defoe**, *Robinson Crusoé*
- **Dickens**, *Oliver Twist*
- **Du Bellay**, *Les Regrets*
- **Dumas**, *Henri III et sa cour*
- **Duras**, *L'Amant*
- **Duras**, *La Pluie d'été*
- **Duras**, *Un barrage contre le Pacifique*
- **Feydeau**, *Le Cercle des Castagnettes*
- **Feydeau**, *Le Dindon*
- **Flaubert**, *Bouvard et Pécuchet*
- **Flaubert**, *L'Éducation sentimentale*
- **Flaubert**, *Madame Bovary*
- **Flaubert**, *Salammbô*
- **Gary**, *La Vie devant soi*
- **Giraudoux**, *Électre*
- **Giraudoux**, *La Guerre de Troie n'aura pas lieu*
- **Gogol**, *Le Mariage*
- **Homère**, *L'Odyssée*
- **Hugo**, *Hernani*
- **Hugo**, *Les Misérables*
- **Hugo**, *Notre-Dame de Paris*
- **Huxley**, *Le Meilleur des mondes*
- **Jaccottet**, *À la lumière d'hiver*
- **James**, *Une vie à Londres*
- **Jarry**, *Ubu roi*
- **Kafka**, *La Métamorphose*

- **Kerouac**, *Sur la route*
- **Kessel**, *Le Lion*
- **La Fayette**, *La Princesse de Clèves*
- **Le Clézio**, *Mondo et autres histoires*
- **Levi**, *Si c'est un homme*
- **London**, *Croc-Blanc*
- **London**, *L'Appel de la forêt*
- **Maupassant**, *Boule de suif*
- **Maupassant**, *Le Horla*
- **Maupassant**, *Une vie*
- **Molière**, *Amphitryon*
- **Molière**, *Dom Juan*
- **Molière**, *L'Avare*
- **Molière**, *Le Malade imaginaire*
- **Molière**, *Le Tartuffe*
- **Molière**, *Les Fourberies de Scapin*
- **Musset**, *Les Caprices de Marianne*
- **Musset**, *Lorenzaccio*
- **Musset**, *On ne badine pas avec l'amour*
- **Perec**, *La Disparition*
- **Perec**, *Les Choses*
- **Perrault**, *Contes*
- **Prévert**, *Paroles*
- **Prévost**, *Manon Lescaut*
- **Proust**, *À l'ombre des jeunes filles en fleurs*
- **Proust**, *Albertine disparue*
- **Proust**, *Du côté de chez Swann*
- **Proust**, *Le Côté de Guermantes*
- **Proust**, *Le Temps retrouvé*
- **Proust**, *Sodome et Gomorrhe*
- **Proust**, *Un amour de Swann*
- **Queneau**, *Exercices de style*
- **Quignard**, *Tous les matins du monde*

- **Rabelais**, *Gargantua*
- **Rabelais**, *Pantagruel*
- **Racine**, *Andromaque*
- **Racine**, *Bérénice*
- **Racine**, *Britannicus*
- **Racine**, *Phèdre*
- **Renard**, *Poil de carotte*
- **Rimbaud**, *Une saison en enfer*
- **Sagan**, *Bonjour tristesse*
- **Saint-Exupéry**, *Le Petit Prince*
- **Sarraute**, *Enfance*
- **Sarraute**, *Tropismes*
- **Sartre**, *Huis clos*
- **Sartre**, *La Nausée*
- **Senghor**, *La Belle histoire de Leuk-le-lièvre*
- **Shakespeare**, *Roméo et Juliette*
- **Steinbeck**, *Les Raisins de la colère*
- **Stendhal**, *La Chartreuse de Parme*
- **Stendhal**, *Le Rouge et le Noir*
- **Verlaine**, *Romances sans paroles*
- **Verne**, *Une ville flottante*
- **Verne**, *Voyage au centre de la Terre*
- **Vian**, *J'irai cracher sur vos tombes*
- **Vian**, *L'Arrache-cœur*
- **Vian**, *L'Écume des jours*
- **Voltaire**, *Candide*
- **Voltaire**, *Micromégas*
- **Zola**, *Au Bonheur des Dames*
- **Zola**, *Germinal*
- **Zola**, *L'Argent*
- **Zola**, *L'Assommoir*
- **Zola**, *La Bête humaine*
- **Zola**, *Nana*